JOSEFINE RIEGELBAUER

# MEIN MANN LEBT

Dieses Buch ist unseren lieben
Töchtern Angelika und Sabina,
unseren Enkeln und unserer Urenkelin
gewidmet.

Josefine Riegelbauer (Hsg.)

# MEIN MANN LEBT

## BERICHTE AUS DEM JENSEITS

freya VERLAG

1. Auflage
© 2001/10 Josefine Riegelbauer
ISBN 3-902134-22-4
http://www.freya.at
Lektorat: Dr. Gottfried Hierzenberger
Umschlaggestaltung: Wolf Ruzicka
Layout: Wolf Ruzicka

gedruckt auf säurearmem Papier

# INHALT

# VORWORT

## SIE MÜSSEN NICHT MEHR ZURÜCK AUF DIE ERDE

Im Namen meines Mannes lege ich dieses Buch in die Hände des Lesers und hoffe, daß er darin vieles findet, das ihn tröstet und inspiriert. Es ist nicht irgendein Buch. Es wurde mit Hilfe geistiger und irdischer Helfer von meinem geliebten Mann Fritz und von unserem vorausgegangenen Sohn Fritzi verfaßt und mit Hilfe des Kontrollgeistes Emanuel schreibmedial aus dem Jenseits durchgegeben.

Aus tiefer Überzeugung und mit großer Freude komme ich dem brennenden Wunsch meines Mannes nach, diese seine Erfahrungen in Form von wahrheitsgetreuen Übermittlungen in Buchform herauszubringen, um allen Menschen, die es lesen wollen, daran Anteil zu geben. Ich glaube sagen zu können: Es ist eine Rarität, und ich danke meinem Mann und meinem Sohn von ganzem Herzen dafür.

Fritz hat vor einigen Jahren ein Buch über Reinkarnation zusammengestellt und veröffentlicht – und es war ihm ein großes Anliegen, daß es verbreitet wird, damit die Menschen erkennen können, daß die Gesetze rund um die Wiederverkörperung eine große Chance darstellen, sich geistig so zu entwickeln, daß eine Wiedergeburt auf dieser Erde nicht mehr nötig ist.

Es ist mir eine große Freude und Genugtuung und erfüllt mich mit tiefer Dankbarkeit, im Laufe der in diesem Buch gesammelten Kundgaben erfahren zu haben, daß meine zwei Lieben nicht mehr auf dieser Erde inkarnieren müssen.

Für die selbstlos-liebevolle Hilfe beim Zustandekommen dieses Buches danke ich besonders dem lieben Geistfreund Emanuel und Leo, dem Vermittler der zehn Kundgaben und des Geleitwortes.

Wiener Neustadt,
im Herbst 2001 *Josefine Riegelbauer*

# GELEITWORT VON EMANUEL

## EIN ZEUGNIS FÜR GEISTSEELISCHES WEITERLEBEN

Gott zum Gruß! Emanuel!
Unsere geliebten Lesergeschwister!

Mein jetzt geistseelischer Bruder Fritz bat mich, ein kleines Vorwort für seine Kundgaben an seine ehemaligen Lieben zu diktieren.

Mit Freude und Liebe übernahm ich seine Bitte, Denn er wollte ja, wie einigen von euch bekannt ist, wenn er im Körper wieder genesen wäre, ein Buch über seinen Krankheitszustand und alles, was er dabei durchmachte und erlebte, herausbringen.

Es ist ihm eine außergewöhnlich liebe Genugtuung, daß er auf diese Art und Weise seine Gedanken an seine Lieben und an die aufnahmswillige Menschheit kundtun darf. Sein Bestreben war und ist es ja, mitzuhelfen im Heimholungsplan Christi. So betrachtet, befasse ich mich in diesem Vorwort mit seinem Gedankengut, trachte aber, von mir heraus einiges Wichtige dazuzufügen.

Da ist zum Beispiel die älteste Menschheitsfrage in Bezug auf ein geistseelisches Weiterleben nach dem irdischen Ableben. Dies sollte jeden beschäftigen in dem Ausmaß, in dem er sich selbst ernst nimmt.

Trotz der vielen Propheten, Medien und Wahrheitsverkünder – ich denke dabei besonders an Jesus den Christus – aktivieren die wenigsten Menschen ihre Geistesdenkkräfte für diesen Fragenkomplex.

Dafür interessieren sich hauptsächlich die dunklen Mächte, die aber wollen diesen Fragenkomplex im Dunkeln halten – also fern von den Menschen. Dadurch ist es dann oft, wenn der Zeitpunkt des Abtrittes des Menschen von dieser Erde da ist, zu spät, sich damit zu beschäftigen.

Wir Boten Gottes rütteln zwar immer wieder die Erdenmenschen auf, diese Fragen mit Ernst in den Mittelpunkt ihrer Lebensinteressen zu stellen, aber leider hat es selten die gewünschte Wirkung.

Zu allen Zeitabschnitten manifestierten sich Geistseelen, welche einst Erdenmenschen waren – so auch hier Bruder Fritz und sein ehemaliger Erdensohn. Ihre Berichterstattung aus dem lichten Jenseits soll von der Wahrheit Zeugnis ablegen: *Es gibt ein sofortiges Weiterleben und ein Wiedersehen mit ihren Lieben* – letzteres bei einer adäquaten Entwicklungsstufe.

Leider hören diese Kundgaben jenseitiger Geschwister nur einzelne Erdenmenschen. Es ist aber eine persönliche Aufgabe, ja Pflicht, solche Lebensgedankenäußerungen von einstigen Erdenmenschen an die Menschheit weiterzugeben.

Deshalb stellte sich Bruder Fritz mit Freude in den Dienst der Aufklärung – zuerst als irdischer Mensch durch Verbreitung und Erklärung von Kundgaben aus dem Jenseits und seit seinem Übergang, indem er mit seiner wachsenden Spiritualität selbst aufklärend mithilft.

Er weiß sehr wohl, daß die Erdenmenschen auch seine Erläuterungen nur sehr zögernd annehmen werden. Denn die an diese Voraussetzungen glaubenden Menschen sind auf Erden sehr dünn gesät, und nur wenige sind im Einsatz, um diese Überlebenstatsache zu verkünden. Wer gibt sich schon gerne dazu her, über diese Themen eingehend zu reden und zu belehren? Meist erntet man dafür ja nur ein mitleidsvolles Lächeln, Spott, üble Nachrede und dergleichen.

Obwohl er sich all dessen bewußt war, entschloß sich Bruder Fritz, seine Lieben – vor allem aber seine liebe Frau, von ihm liebevoll »Pepi« genannt – aus dem Jenseits zu bitten, ihm bei der Verbreitung seiner Überlebensgedanken zu helfen.

Jeder Mensch, der an das Fortleben nach dem irdischen Sterben glaubt, wird dieses Jenseitsgedankengut, das Bruder Fritz hier vermittelt, begrüßen und wird sich nicht scheuen, anderen lieben Erdenbürgern von diesen freudigen Kundgaben zu berichten. Bruder Fritz will ja niemanden erschrecken, sondern er handelt in liebe- und lichtvoller Hilfsbereitschaft, wenn er seine Erfahrungen und Erkenntnisse mitteilen will.

Ich Emanuel hebe hervor und sage ganz klar aus: *Jeder von der Erde Abgeschiedene lebt sofort – bewußt oder unbewußt – weiter! Die Vorstufe zu seiner geistseelischen Entwicklung baut sich aber jeder im Erdenleben selbst.* Damit ist klar, daß jedes Menschenkind Selbstverantwortung für sich, also auch für sein Wollen und Tun, trägt und damit die adäquate Lebensverwirklichung in sich bewirkt.

Wer dies glauben kann beziehungsweise als Wahrheit annimmt, hat den Materialismus der Jetztzeit, in dem sich das intensive Wirken negativer Wesen äußert, geistseelisch in Frage gestellt. Bei weiterer positiver Entwicklung wird ihm von seinem lieben Schutzgeist und von den lichten Boten geholfen, zu überwinden.

Fritz und viele, viele Freunde und ins lichte Jenseits Vorausgegangene stimmen darin einhellig überein: *Wir alle wollen Selbsterfahrungen und persönliche Er-*

*kenntnisse an die noch im Erdenkörper lebenden Geschwister weitergeben*! Leider ist diese Weitergabe nur selten möglich. Hier aber besteht die Möglichkeit dazu. Deshalb strengen wir, die wir daran beteiligt sind, uns aus Nächstenliebe kräftig an.

Mögen diese Kundgaben – das Erfahrungsgut von Bruder Fritz, das zu diesen Aufzeichnungen führte, und die Übermittlungshilfen von seinem schon viele Jahre im Jenseits befindlichen Sohn Fritzi – Segen stiften zum geistseelischen Wohl, zum Trost und zur Hilfe der irdisch Lebenden.

Und mein Wunsch ist: Möge es in ihrem Bewußtsein die freudige Erkenntnis wecken: *Der Schöpfer liebt mich, denn er schenkt mir ewiges Leben.*

In Liebe Gott zum Gruß! Emanuel
auf die Bitte von Bruder Fritz.
(6. Mai 2001)

# HINFÜHRUNG

## GLAUBEN SIE AN WIEDERVERKÖRPERUNG?

»Aber Sie sind doch viel zu klug, um so etwas zu glauben! Oder glauben Sie im Ernst an die Wiederverkörperung?«

So fragte eine Studentin einen Professor, und in ihrem Tonfall drückten sich Mißbilligung und Unverständnis aus, wie ein so intelligenter und gelehrter Mensch etwas derart Verstiegenes annehmen könne. Er aber gestand ihr, daß er tatsächlich daran glaubte. Die Studentin musterte den Professor von Kopf bis Fuß und meinte schließlich: »Sie sind doch ein viel zu kluger Mensch, um so etwas auch nur in Erwägung zu ziehen.«

Dem Professor war es offensichtlich nicht möglich, ihr an Ort und Stelle Rede und Antwort zu stehen und ihr seine Ansicht zu erläutern und plausibel zu machen.

Als er später darüber nachdachte, wurde ihm klar, daß sie nichts gegen ihn persönlich geäußert hatte, sondern nur der besonders bei Intellektuellen in Europa und Amerika weit verbreiteten Meinung Ausdruck verliehen hatte, daß an Wiedergeburt zu glauben, ein Zeichen mangelnder Denkfähigkeit oder ganz einfach Leichtgläubigkeit sei.

Es war ihm klar, daß sie wahrscheinlich Wiederverkörperung mit Seelenwanderung verwechselte, also mit dem z. B. in Indien weit verbreiteten Volksglauben, daß die menschliche Seele nach dem Tod in einen Tierkörper wandert und in das »Rad der Wiedergeburt« eingespannt ist, aus dem man sich nur sehr schwer befreien kann.

Er glaubte daran, daß sich das menschliche Leben durch viele aufeinander folgende Geburten hindurch aufwärts entwickelt und daß die allmähliche Vergeistigung der eigentliche Sinn der Wiederverkörperung sei, und konnte diese Lehre von der Wiedergeburt durchaus mit den wissenschaftlichen Entwicklungstheorien und mit den ihm bekannten psychologischen und kosmischen Perspektiven in Einklang bringen.

Für ihn befindet sich jede menschliche Seele auf der Rückwanderung zu ihrem Ursprung, zu Gott, von dem sie sich irgendwann – vor Tausenden und Abertausenden Jahren – abgewandt hatte, um eigene Wege zu gehen und eine eigene Ordnung zu kreieren. Dieser Rückweg dient insgesamt der Vervollkommnung ihrer geistseelischen Natur und der hohen Anlagen, die in jeder Persönlichkeit grundgelegt sind und zur Entfaltung gebracht werden sollen.

Dies aber ist in einer einzigen, kurzen, irdischen Lebensspanne unmöglich. Die geistigen Erkenntnisse und Fortschritte, die man in einem irdischen Leben gewinnt, bleiben vielmehr durch das Sterben des Körpers hindurch erhalten, und das Wissen um die geistigen Gesetze ermöglicht es dem suchenden Menschen, bewußt an seiner Aufwärtsentwicklung zu arbeiten – begleitet und geleitet von jenseitigen Führern und Helfern.

Diese Sicht der Zusammenhänge schien ihm klar und einleuchtend, ja geradezu evident. Aber wie sollte er sie einem Menschen klar machen, der sich bloß von seinem skeptischen Verstand leiten ließ wie jene Studentin?

Da fiel ihm ein, daß er es vielleicht mit Ausschnitten aus den Schriften großer Denker versuchen könnte, die wegen ihrer literarischen Leistungen, aufgrund ihres philosophischen Scharfsinns oder um ihrer intellektuellen Kreativität willen geschätzt werden wie Platon, Pythagoras, Vergil, Ovid oder Giordano Bruno. Oder wie die großen deutschen Denker Leibniz, Schelling, Schopenhauer und Fichte, oder die unsterblichen Dichter Lessing und Goethe. Eindrucksvoll fand er auch die Zeugnisse der bekannten Amerikaner Ralph Waldo Emerson, Walt Whitman, Thomas Alva Edison oder Henry Ford.

Sie alle waren davon überzeugt, nicht nur einmal gelebt zu haben, sondern bereits viele Wiederverkörperungen absolviert zu haben – und ihr hohes denkerisches Niveau bezeugte ihre erfolgreiche geistige Entwicklung.

Er persönlich fragte sich freilich, ob diese Wissenden noch weitere Inkarnationen auf der Erde machen wollen oder müssen – oder ob sie sich bereits darüber hinaus entwickelt und eine geistige Stufe erreicht haben, die eine neuerliche Verkörperung nicht mehr zwingend erscheinen läßt. Oder sind sie gar schon in andere kosmische Bereiche aufgestiegen, deren Entwicklung weit höher ist als auf dem Planeten Erde?

Darüber wird er aber der Studentin besser nichts sagen, denn sonst entdeckt sie, daß er auch mit außerterrestrischen und galaktischen Sozietäten und daher mit der Existenz von hoch entwickelten Außerirdischen rechnet – natürlich auch von der Existenz himmlischer Geister und deren Hereinwirken in den menschlichen Alltag überzeugt ist – und ist restlos schockiert.

(J.R / G.H.)

# KUNDGABEN

## WORTE VON FRITZI & FRITZ

*Geistlehrer Emanuel, der in den vergangenen drei Jahrzehnten – und in den letzten Jahren so oft in unserem Haus auf von uns gestellte Fragen – seine wunderbaren, medial vermittelten Antworten gab und uns auf diese Weise den Weg zu einem guten Übergang ins lichte Jenseits gewiesen hat, hat es als Kontrollgeist des Mediums Leo möglich gemacht, daß Jenseitige erfolgreich den Kontakt mit uns aufnehmen konnten.*

*Es handelt sich um Geistärzte, die beim Hinübergang meines Mannes im Dezember 2000 mitgeholfen haben, um meinen Ehemann Fritz und um unseren schon vor vielen Jahren hinüber gegangenen Sohn Fritzi, der seinen Vater im Jenseits empfing und ihm behilflich sein durfte.*

*Sie haben uns die folgenden Berichte, Erklärungen und Ratschläge übermittelt und sind die Autoren dieses Büchleins. Diese Kundgaben habe ich in chronologischer Reihenfolge angeordnet, weil sich der Leser so am besten ein Bild machen kann, wie alles vor sich ging und wie die schreibmedialen Durchgaben dieses Buches zustande kamen.*

*Wir wurden von Emanuel schon mehrfach – zuletzt in der Kundgabenserie BEFREIUNG VON ANGST* – über das irdische Sterben und das Hinübergehen in das Jenseits aufgeklärt – doch dies geschah doch nicht so konkret, wie wir es mit Fritz erlebten und wie es in den folgenden Kundgaben zum Ausdruck kommt.*

*J.R.*

* Siehe Literaturverzeichnis auf Seite 88.

## *19. 12. 2000:* 1. KURZ NACH DEM ÜBERGANG

Gott zum Gruß! *E m a n u e l.*
Unsere geliebten Schwestern!

Ich, Emanuel, lasse nun die lieben Geistärzte zu euch reden; sie werden euch beraten.

*

Gott zum Gruß, *G e i s t ä r z t e.*

Da wir auch einstmals Erdenmenschen waren, wollen wir euch innig kondolieren – aber auch Trost und Freude bereiten.

Bruder Fritz gehört seit kurzem zu uns, zum Reich der geistseelisch Lebendigen – wenn auch sein Seelenzustand derzeit noch benommen und daher sein Bewußtsein noch getrübt ist. Er ruht nämlich in den Schwingungskräften seines lieben Schutzengels, und dies so lange, als er es nötig hat, also bis er im Hospital bei uns zur geistig bewußten Lebensweise erwacht.

Dies kann noch längere Zeit – Tage oder Wochen – dauern. Bis sich die Seele gereinigt hat – unter Hilfe von uns und seinem Schutzengel und Helfern. Soweit unser Bericht. Gott zum Gruß!

Gott zum Gruß!
*F r i t z i* spricht zu dir, liebe Mama!

**P**apa ist da – Freude bei uns allen. Seine irdischen Leiden sind zu Ende. Sein Leben geht bald bewußt weiter. Er ist aber zur Zeit nicht ansprechbar. Er wird es schön haben hier, dafür darf ich, Fritzi, für ihn mit sorgen. Ich darf dir jetzt an seiner Stelle auf deine Fragen antworten:

- Ja, die letzten Fluid- und Elektromagnetismus-Reste werden abgezogen und Elektrizität aus dem Körper zur Erde zurückgesandt. Ihr Lieben könnt, ohne Fehler zu machen, den Erdenkörper von Papa bestatten, so rasch ihr dies wollt. Ich umarme euch – dich, Mama, und Angelika und Sabina, auch alle Lieben, welche nach mir zu euch kamen. Ich und Papa vergessen euch nicht!
- Wir sind auch gewillt, euch bei der Erdbestattung des Körpers zu trösten. Ich, Fritzi, werde mich besonders anstrengen, daß ich mich bei euch bemerkbar machen darf. Bleibt in meinem Trost und haltet zusammen. Ich werde mich stets bemühen, für euch ein guter Fürsprecher und Bitter beim Herrn Jesus zu sein.

Laßt die Trauer nicht zu tief ins Seelenbewußtsein hinein! Denn die allzu lange und allzu tiefe Trauer nagt an den Seelenkräften und damit an eurer Gesundheit. Gebete und gottgewolltes, liebendes Denken für Papa helfen ihm mehr.

Macht euch keine Sorgen um Papa, er ist bestens aufgehoben und wird betreut – viel besser, als euch dies auf Erden möglich wäre. Denn er ist in seiner geistigen Heimat. Ein Zuhause aufzubauen, helfe ich ihm und auch die anderen Lieben. Seine geistige Wohnung wird vorerst ca. in 5/2* sein.

In Liebe Gott zum Gruß! *Fritzi.*

*

Gott zum Gruß! *E m a n u e l.*

Zu den letzten Ausführungen von Fritzi: Das gilt erst nach der Läuterungsphase! Ich, Emanuel, diene euch, ihr Lieben, in Liebe und Treue, Trost und Hilfe weiter, wenn ein neuerlicher Kontakt nötig ist. Bitte, sagt es, ich werde es vermitteln. Wir sind treu – auch über das Erdenableben hinaus!

---

* Diese Angabe bezieht sich auf die durch Adelma Vay übermittelte Übersicht über die jenseitigen »Sphären um die Erde« – nämlich 7 Atmosphärische Ringe mit je 7 Sphärenstufen. Vgl. dazu das Buch »ASTRALREISEN« im Literaturverzeichnis Seite 88.

## 25. 12. 2000: 2. ERSTE WORTE VON FRITZ

Gott zum Gruß! *E m a n u e l.*
Unsere geliebten Geschwister!

Ich, Emanuel, besuchte Bruder *F r i t z.* Seine kurzen Reden sind wie folgt:

Pepi, liebe Pepi, ich bin erwacht in einem herrlichen Pavillon, inmitten von Heilpflanzen, Duft, Farben, Lichtstrahlen – alles ist Leben in Bewegung – herrlich! Grüße an alle Lieben!

Pepi, du weißt, ich witzelte oft über Juden, zum Beispiel im Panhans am Semmering. Tut mir jetzt sehr weh. Denn ich war auch Jude in einem Erdenleben. Die Verwandtschaft von einst begrüßte mich herzlich.

Fritzi und alle Vorausgegangenen sorgen sehr rührend für mich. Bin schon sehr müde und matt ...

*

Gott zum Gruß! *E m a n u e l.*

Nach diesen Grüßen und kurzen Zustandsäußerungen schlummerte Bruder Fritz wieder ein. In Liebe Gott zum Gruß!

## *8. 1. 2001:* 3. EIN »ARBEITSTEAM« IST AM WERK

Gott zum Gruß! *E m a n u e l.*
Unsere geliebte Schwester!

Deine Anfragen haben mich, Emanuel, über den Mittler erreicht. Und auch die Antworten geben ich und die Geistärzte sowie Fritz und Fritzi über den Mittler. Also ein Arbeitsteam wirkt, damit du, liebe Schwester, beraten wirst.

Zuerst lasse ich die lieben Geistärzte antworten. Doch bedenke stets: Sie haben ihren freien Willen und antworten dir so, wie sie es wollen.

In Liebe Gott zum Gruß! Emanuel.

*

Gott zum Gruß! *G e i s t ä r z t e.*

Wir ersehen aus der Krankheitenabfolge beim lieben Bruder Fritz, daß wir dich, liebe Schwester, gut beraten haben. Es ist für euch und für uns nicht einfach, zum Anfragezeitpunkt das Zukünftige richtig kundzugeben. Chemotherapie wäre gleich anfangs, nach Bekanntwerden des Lungentumors, unserer Meinung nach richtig und lebensverlängernd gewesen – allerdings mit dem enormen Nachteil der toxischen Mehrbelastung für die Seelenkräfte verbunden und dadurch eine längerdauernde Therapie zur Ausleitung der Giftstoffe. Realistisch betrachtet, wäre eine Körperablegung durch eine Chemotherapie nicht verhinderbar.

Der Zeitpunkt des Wechsels vom Diesseits ins Jenseits wurde von den leitenden Abholgeistwesen so gewählt und gesteuert, daß die Konzentrationsschiene nur bei diesem Wechsel in kurzer Ablaufreihenfolge positiv verlaufen sollte.

Dabei wäre deine Anwesenheit, liebe Schwester, durch Weh, Schmerz und Zurückhaltenwollen deines Mannes vielleicht hinderlich gewesen.

Da wir Geistärzte ja Erdenmenschen waren, verstehen wir aufrichtig deinen Seelenschmerz und schenken dir diesen Trost. Es ist alles gottgewollt verlaufen, und dafür sind alle dankbar – besonders Bruder Fritz.

In Liebe Gott zum Gruß! Die Geistärzte.

*

Gott zum Gruß! *E m a n u e l.*

Unsere geliebte Schwester! Ich, Emanuel, übergebe nun den Mittler an *F r i t z i.*

Meine geliebte Mama! Ich freue mich und bin begeistert, daß mich der Kontrollgeist dieses Mittlers wieder Gedanken an dich richten läßt – auch Papa darf nach mir. Er muß nur noch aufgeladen und energiebewußt gemacht werden.

Ich sage dir jetzt einiges zu deinen Fragen: Papa und ich können dir im Materiellen helfen, aber nicht in Worten, sondern auf dem Weg der Inspiration. Ich rate dir zum einfachsten Weg – wie es von unserer Seite aus am leichtesten gehen kann; es erfordert von dir einige Übung mit einem tiefen Glauben an die Liebe und Barmherzigkeit Gottes. Folge mir in deinen Gedankenvorstellungen, wenn du diese Worte liest!

Zuerst schließt du dich ab und empfiehlst dich deinem lieben Schutzengel und Hilfsschutzengel. Er ist Oma, also deine Mutter! Solange dein Vater auf Erden war, half sie ihm; jetzt wechselte sie zu dir. Beachte: Eine liebende Mutterseele kümmert sich, so gut sie kann, um alle ihre Kinder! Da du jetzt in großer Seelennot bist, wandte sie sich mehr dir zu.

Vorher hast du ja schon deine Bitten und Fragen zu Papier gebracht. Zu einem von dir bestimmten Zeitpunkt zündest du dann eine Kerze an und wirst – wie vorher bereits gesagt – bei geschlossener Aura und Gedankenreinheit ganz ruhig. Dann ein kurzes Gebet um Hilfe und Kraft, Zettel und Schreibzeug hinlegen. Dann Bild von Papa vor dich hinstellen und »ihm« alles – um Hilfe bittend – vortragen. Dann kurze Zeit warten! Wenn sich auf dein Fragen und Bitten nichts rührt (Übung macht den Meister!), dann vor dem Einschlafen Zettel und Schreibzeug oder Tonband zum Bett legen.

Es kann sein, daß Papa und ich dir anfangs leichter im Traum Informationen durchgeben können. Wir wollen dir helfen, soweit es in meiner Macht ist und soweit wir dürfen.

Innige Umarmung, dein Fritzi. Gott zum Gruß.

*

Gott zum Gruß! *Emanuel.*

Unsere geliebte Schwester! Wir haben Bruder Fritz für die Kundgabe an dich soweit aufgeladen und mit Energie versorgt, daß er durch den ihm bekannten Mittler auf deine Fragen – so hoffe ich – kurze Antworten geben kann. Ich übergebe an Bruder *Fritz.*
Gott zum Gruß! Emanuel.

*

Pepi, liebe Pepi, herzlich grüße ich dich aus meinem Himmel! Habe mir diese Pracht in den kühnsten Träumen nicht vorgestellt, wie herrlich es hier ist. Es lohnt sich, als Geistchrist auf Erden zu leben! Ich bezeuge es dir und allen meinen Lieben. Bin zu ca. 70% schon stets bewußt, die ca. 30% fehlen mir noch, da muß ich wieder ruhen gehen.

Vater Leopold war bei mir auf Besuch. Du weißt, liebe Pepi, in seinen Augen war ich zu wenig strebsam auf Erden. Wir sind überein gekommen, daß jetzt alles bereinigt und in Ordnung ist.

Pepi, liebe Pepi, wegen des Auflassens der Ordination: Gib und hilf damit, soviel du kannst und willst, denn auf Erden kann man nie genug Gutes tun. Denke an unsere Spendenkinder! Auch Kleidung und was du sonst nicht mehr benötigst von meinem täglichen Bedarf kannst du nach deinem Ermessen weitergeben.

Du, liebe Pepi, ich fühle mit dir, steckst in einem Schlamassel! Bin ich doch kein Vorbild gerade in Erziehungssachen unserer Kinder und Enkel gewesen. Jetzt lastet Vieles auf dir! Fritzi und ich werden dir und allen Lieben beistehen, so gut wir das von hier aus können!

Ich bin schon schwach! Grüße! Fritz.

## *18. 1. 2001:* 4. GEISTSEELISCHE ENERGIEGESETZE

Gott zum Gruß! *E m a n u e l.*
Unsere geliebte Schwester!

**S**o gut ich, Emanuel, es kann, verbinde ich dich mit Bruder Fritzi und Bruder Fritz. Bedenke, es ist zu kurz, als daß Bruder Fritz persönlich schon die geistseelischen Energiegesetze beherrscht und euch schon ohne Fritzi Kundgaben übermitteln könnte. Aber Bruder *F r i t z* ist aufgeladen und wird einige Gedanken kundgeben.

Gott zum Gruß! Emanuel.

*

**L**iebe gute Mama! Hier sind wir wieder. Papa übt schon fleißig seine Gedankensprüche an dich, und ich werde ihn unterstützen. Bitte um eure Fragen!

(*Bitte um Hilfe*) – Pepi , liebe Pepi! Ich, Fritz, stehe vor einem Energietrichter und rede hinein. Wie es weiter geht und wie es über Emanuel zum Mittler Leo kommt, weiß ich nicht, bin stark nervös. Pepi, ich bin zu wenig kraftvoll, dir jetzt schon zu helfen, Fritzi tut dies jetzt noch für mich.

(*Willst du wieder zu uns?*) – Pepi, Gott bewahre mich davor!

(*Kennst du dein Dual?*) – Ich kenne zur Zeit mein Dual gar nicht!

(*Bekommt ihr etwas zu essen?*) – Ja, von dem seelischen Nektar trinke ich eine ganze Menge. Feste Speisen wie auf Erden gibt es hier nicht.

(*Hat man noch Begierden, Süchte, Wünsche?*) – Zu den Begierden: Ja. Begierde nach einem guten Gösser hätte ich schon noch. Oder ein griechischer Rotwein – aber ich unterdrücke es, da ich weiß, es gibt dies hier nicht.

(*Wie ist die Läuterung?*) – So weit bin ich noch nicht, meine Läuterungsphase steht mir noch bevor.

(*Ordination, Wäsche usw.?*) – Diese Situation liegt in deinen Händen. Hier ist man dankbar und froh für alles Gute, was man auf Erden dem Nächsten tat.

*

Hier spricht *F r i t z i*.

Papa ist schon leer, das heißt, seine Energien sind schon aus, es strengt ihn stark an.

Liebe Mami! Laß sie (meine Schwestern) wirken. Sie sind in der Seele gut. Der Edelschliff geschieht durch jede Niederlage. Sieh das ganze Geschehen seelisch-kosmisch. Fehler machen wir alle auf Erden. Und jedes Fehlverhalten zieht früher oder später Läuterung nach sich.

Papa nickt nur mehr. Er denkt, wenn er Energien genug hat, wird er schon nach dem Rechten sehen und, wenn er darf, lenkend eingreifen.

Liebe Mami! Ich spreche mit Papa über deine anderen Fragen. Wegen Kärnten bekommst du Antwort, wenn wir alles durchanalysiert haben. Papa nickt und sagt: »Gehe nach den irdischen Gesetzen und nach deinem Gewissen gerecht vor. Sonst drückt es dich.« Papa hört dich persönlich noch nicht. Er braucht ein Geistwesen, meist mich, daß er dich, liebe Mami, registriert und anfunken kann. Die geistseelischen Gesetze beherrscht er noch nicht. – z.B. die Telepathie.

Gott zum Gruß! Fritzi

## 5. ERSTE EINSICHTEN

Gott zum Gruß! *E m a n u e l.*
Ihr Lieben!

Bruder Fritz will euch über Fritzi Interessantes kundgeben. Hoffentlich ist es in eurem Bewußtsein erfassbar und erscheint euch richtig.

Gott zum Gruß! Emanuel.

*

Gott zum Gruß! *F r i t z i.*

Liebe Mama! Papa hat das innige Bedürfnis, dir einiges zu sagen. Höre, was er zu sagen hat, und frage dann gleich.

*

F r i t z:

Danke, Fritzi! Pepi, liebe Pepi! Mein Tumor wurde, wie ich ersehen kann, durch die Seearbeit im kalten Wasser ausgelöst.

Latent ruhend und klein war er schon länger da, hätte aber nicht virulent werden müssen. Doch die lang andauernde Wasserkälte hat Lungenteile geschwächt, und so war dieses Zellgewebe anfällig dafür.

Liebe Pepi, das kalte Trinken und Rauchen in der Bar und meine Nichtbeachtung von Gesundheitsregeln waren aber die Erstursache. Doch die Gnade Gottes ließ mir noch so viel Zeit, geistig zu erwachen. Gott sei Dank dafür!

Mein inniges Beten richtet sich jetzt auf euer, also meiner Erdenfamilie Heil. Ich stelle mein Weiterkommen, wenn ich darf, hintan. Gewisse Reinigungstätigkeiten sind, soviel mir Fritzi sagte, geistseelische Pflicht – auf Erden sagt ihr dazu: Läuterung – Verzeihung – Liebesdienste usw.

Indem ich dir bereits einiges von meinem »Innersten« erzählte, erfasse ich dies in mir, und mit meinen Willensanstrengungen beginnt es dann, mir mit Hilfe meines lieben Schutzgeistes bewußt zu werden. Jeder Augenblick eines Erdenmenschen ist eine Lernzeit. Aber ob wir es nützen? Meine lieben Töchter sollten dies wissen. Ich reiche allen meine geistseelischen Hände, wenn ich kräftig genug bin.

*

Gott zum Gruß! *F r i t z i.*

**P**apa wird schon schwächer in der Ausdruckskraft, deshalb übernehme ich und gebe noch einige Antworten auf deine Fragen.

(*Warum so viele schwere Prüfungen?*) – Liebe Mama! Dein Erdenlos ist nicht schwerer, als du selbst wolltest. Jedoch durch Geistwissen und unseren Beistand schaffst du es, denn du wächst über dich hinaus. Betrachte deine »Erdenfamilie«: Ohne dich als Stütze wäre es keine »Familie« im Sinne einer geistigen Gemeinschaft »näher zu Gott« mehr! In wenigen Jahren bist du, liebe Mama, froh, daß du es tragen durftest. Denn dann bist du auch bei uns.

Gott zum Gruß! Fritzi.

## *1. 3. 2001:* 6. FEHLERQUELLEN IN DER SEELE

Gott zum Gruß! E m a n u e l.
Unsere geliebte Schwester!

Zuerst werde ich dir kurz einiges berichten. Ausführlicher behandle ich dies dann bei der Andacht in deiner Wohnung.

Meine Erdenarbeitstätigkeit, wenn von höherer Seite nicht anders gewollt, läuft aus. Dann habe ich nur mehr wenig Möglichkeit, dir und anderen Geschwistern zur Seite zu stehen. Aber bis zu diesem Zeitpunkt wird vielleicht ein anderes Geistwesen meine Tätigkeit aufnehmen.

Hilfe bei deinem positiven Wollen, ein kleines Büchlein zu verfassen, kann ich dir aus diesem Grunde nicht versprechen. Aber in der Zwischenzeit bis dahin sind deine lieben Schutzgeister und deine Liebsten helfend bei dir. Du spürst sie ja jetzt schon an deiner Seite. Teilweise ist Bruder Fritz auch dabei!

Unsere geliebte Schwester! Auf deine Frage nach dem schnellen Heimgang deines Mannes antworte ich mit Einverständnis von Fritzi so: »Das ‚Weilchen', von dem ich sprach, stimmte doch! Und Dr. Hochenegg war anfangs überzeugt, daß es länger dauert, später faßte er es als Trost auf.«

Die Frage des »Erwachtseins« beantwortet jetzt F r i t z i, da Bruder Fritz nicht anwesend sein kann:

*

Ja, Mami, Papa ist bewußt, aber er weiß noch nicht alles in der Jenseitsleben-Umgebung zu ergründen. Denn seine derzeitige Tätigkeit ist bewußte Seelentiefenerforschung mit Fehlerquellenauffindung. Und von dort darf und kann er nicht weg. Es ist dies eine Suche und Findung seiner selbst und seiner Verbindungen. Folglich kann er dir nicht auf deine Anfragen antworten. Aber ich, Fritzi, sage dir: Du machst es schon richtig, wenn du niemanden übervorteilst.

Liebe Mami! Mit diesen Angelegenheiten in Bezug auf die Ordination und Details dazu kenne ich, Fritzi, mich nicht aus.

Meine Schwestern gehen den Weg ihrer Lehre. Auch meine Neffen und Nichten. Ich sehe das nicht so eng wie ihr auf Erden, denn die Erdenschule ist eine harte Lehre, und aus Schaden lernt man bekanntlich am schnellsten, wenn gute Ratschläge nichts fruchten. Zu Noahs Reden mit seinem Opa: Er spricht zur Zeit zu seinem Schutzgeist und dies ist schön und gut.

Auf die Frage nach der Zuverlässigkeit verschiedener Kundgaben, die ihr in vergangener Zeit erhalten habt: Laß dir, liebe Mami, nichts für wahr haltend erzählen! Es gibt so viel Unwahres und Halbwahres auf Erden!

Auf die Antwort zur Frage nach der Familienzusammensetzung mußt du, bitte, noch warten, bis Papa selber klar durchsieht. Vielleicht ist es ihm jetzt nicht angenehm?

Liebe Mami! Die Hundeseele, die ihr »Topsi« nanntet, ist eine schmeichelnde liebe Tierseele, welche ich gleich zu Aufwachbeginn Papa ans »Bett« brachte.

Zu deiner Frage nach der »Stufe«: Derzeit ist Papa in 4/4* – Das bedeutet: Lernen und In-sich-Gehen und Läuterung durch Schulung der Selbsterkenntnis! Zur Frage »Treffen von Anverwandten aus dem Erdenlenleben« kann ich dir nur sagen: Viele von den Erdenlebensmitgeschwistern kamen in die Energiehalle des Aufwachzustandes, um Papa zu begrüßen.

Liebste Mami! Die Liebe des Schöpfers zu uns allen ist größer, als ihr denkt. Und du erfährst wachsend seine Innigkeit – von ihm und von uns. Ich hoffe, daß Papa zur nächsten Andachtszusammenkunft »frei kriegt«. Wenn nicht, dann bin ich alleine mit seinem Schutzengel bei euch. Fritzi.

In Liebe Gott zum Gruß! E m a n u e l.

---

* Vergleiche dazu die Anmerkung auf Seite 23.

*

Hier spricht noch einmal F r i t z i für seinen Vater: Die intensive Erscheinung oder Verdichtung erfordert viel Odkraft. So können Besucher wie die liebe Schwester hier nur kurz »Neuankömmlinge« begrüßen und umgekehrt. Sicher wird Papa sich aber bei seinen Lieben auf Erden zeigen. Eine Planung ist in diesem Zustand aber derzeit nicht möglich. Wichtig ist jetzt das Gebet für Fritz!

*

Gott zum Gruß! E m a n u e l.

Bruder Fritz ist jetzt zu ca. 81% erwacht, er bedarf aber kaum mehr eines Ruhezustandes! Doch solche inneren Erregungen nehmen seinen Astralkörper und Mentalkörper energiemäßig sehr stark in Anspruch, folglich bittet er um Nachsicht! Er grüßt alle lieb und betet für euch!

In Liebe Gott zum Gruß! Emanuel.

## *19. 3. 2001* 7. BEWUSSTSEINSERFASSUNG VON JAHRTAUSENDEN

Gott zum Gruß! *E m a n u e l.*

Ich übergebe die mediale Kräftemischung an euren ehemaligen Erdensohn *F r i t z i.*

Liebste Mama! Viele aufrichtige »Gott-zum-Gruß!« von Papa an dich! Wo soll ich beginnen? Gleich bei Papa. Er hat noch viel in sich zu arbeiten. So schnell, wie ihr glaubt, ist man mit Jahrhunderten, vielleicht Jahrtausenden Bewußtseinserfassungen nicht durch.

Diese einzelnen Phasen oder Lebenszeiträume sind Stoff für eine mir unbekannte Aufarbeitungszeit. Papa arbeitet in seiner Wirkung – du kennst ihn ja – sehr intensiv und genau. Aber dir, liebste Mama, zum Trost: Wir werden so ca. Mitte Mai, vielleicht in Varianten, dir ein wenig in deiner Materientätigkeit schon inspirierend zur Seite stehen können. Jetzt helfen Oma und dein Schutzgeist – bei finanziellen Angelegenheiten auch Opa – mit.

Liebste Mama! Wenn ihr – du oder meine lieben Schwestern oder diese liebe Schwester – das Gefühl habt, Papa sei hier, dann ist dies eine gewisse Schwingungsübertragung, daß Papa gerne hier wäre. Aber in Wahrheit sind dies eure Schutzgeistwesen. Nehmt es an, als Trost und Aufmunterung für euch und im Gedenken an Papa!

In Verbindung mit Papa zu gelangen, ist derzeit nicht möglich, da er zu intensiv beschäftigt ist. Du, liebe Mama, kennst doch Papa: Ganz oder gar nicht und genau bis ins Detail! Bei euch auf Erden sprecht ihr von »Sünden, Verfehlungen, Reue, Gewissen« usw. Dies sieht Papa jetzt alles, und daraus ergeben sich seine Forschungen nach den Ursachenzusammenhängen.

Sicherlich wäre es für euch wichtig. Aber bedenke doch, jeder geht seinen eigenen Weg – mit seinen eigenen Belastungen – bis zur Karmaauflösung.

In diesem Zusammenhang könnte dir Papa derzeit noch nichts erzählen.

Er bat mich aber, daß ich dir, liebste Mama, Folgendes sehr ans Herz legen soll:

Alles, was du von den geistigen Betreuern über Papa erfahren hast und noch erfahren wirst, sollst du sorgfältig aufbewahren und nach Abschluß dieser Kundgabenmöglichkeit (solange euer Geistlehrer Emanuel noch bei euch wirkt) in Form einer Broschüre oder als Heft den Menschen als nächstenliebende Lebens- und Hinüberwechselhilfe beziehungsweise als geistseelische Lernhilfe zur Verfügung stellen. Dies wäre der innigste Wunsch von Papa!

Liebste Mama! Ich weiß, du bist vielleicht mit mir als Fragenbeantworter nicht ganz zufrieden. Du wolltest mit Papa medial verkehren. Aber bedenke, wenn er diese seine Läuterung unterbrechen würde, käme er in gar nicht voraussehbare Schwierigkeiten, denn die Erdnähe würde ihn an dich und seine anderen Lieben binden. Wenn er Vieles klar durchdringen kann und die Fehlerursachen erkennt, dann sind Fehltritte – durch die Versucher vorprogrammiert – nicht mehr so leicht möglich.

Bedenke auch: Euer Erdenkörper schützt euch, denn eure Sinnesorgane schwingen als Empfänger oft nicht auf der Welle der Versucher. Deshalb wäre es für Papa nicht ungefährlich, ohne grundlegendes Wissen und Erfahren dich zu kontaktieren. Hab Geduld! An seiner Stelle sind deine Schutzhelfer da. Und so gut ich kann, helfe ich dir auch mit Denkansätzen in deiner Materientätigkeit.

In Liebe und Freude, daß du so stark bist!

Fritzi und Emanuel.

## 6. 4. 2001: 8. RÜCKBLICK AUF DEN ÜBERGANG

Gott zum Gruß! *E m a n u e l.*
Unsere geliebte Schwester!

Ich, Emanuel, wollte dir eine Osterfreude bereiten und gab die folgende längere Kundgabe von unserem lieben Bruder Fritz über den Mittler weiter. Auch euer ehemaliger irdischer Sohn wirkte eifrig mit. Ich hoffe, daß damit der Wunsch von Bruder Fritz, dir vom Jenseits aus berichten zu können, erfüllt wird und daß du auf diese Weise Stoff genug zum Veröffentlichen hast.

Noch ein kleiner Hinweis: Ich kontrolliere seine Kundgaben nicht, sondern lasse diese fließend durch. Nur wenn Unwahrheiten geistiger Natur aufkommen würden, greife ich ein.

In Liebe Gott zum Gruß! Emanuel.

*

Gott zum Gruß! *F r i t z.*

Liebe Pepi! Fritzi ist auch mit dabei. Er erzählte mir, du hättest Sorgen, daß ich dich nicht mehr so innig liebe. Ich versichere dir, es gibt keine Änderung meiner Liebe zu dir.

Solltest du diesen Eindruck gewonnen haben, so ist dies wohl auf meine Bewußtseinsänderung gegenüber der irdischen Ausdrucksmöglichkeit zurückzuführen.

Du, liebe Pepi! Wir müssen fleißig sein, die Zeit drängt. Denn der mächtige Emanuel ist nicht mehr lange bei Leo, und dann weiß ich nicht, ob wir noch »korrespondieren« können. Ich bin jetzt schon öfters etwas freier, so auch jetzt bei der Durchgabe an dich.

Emanuel ist viel größer und mächtiger, als ich ihn mir auf Erden vorstellte. Von ihm hängt es ja ab, daß ich dir über Leo schreiben kann. Du hast nicht angefragt, und ich darf dir trotzdem schreiben. Wunderbar ist das, und dankbar bin ich dafür – dies ermöglicht alles Emanuel!

Viele, viele wollen ihren Lieben von hier berichten, aber sie finden niemanden, der ihnen dies ermöglicht. Ich bin dankbar für diese Gnade. Deshalb kommen bei der enormen Zahl der täglich Abgeschiedenen so wenige Rückmeldungen zustande. Es fehlt an geeigneten Medien auf Erden und an einem Kontrollgeist, der ihnen dies ermöglicht. Denn solche Kundgaben werden oft verfälscht, oder Medien schlagen daraus irdischen Gewinn. Ich jedenfalls habe die Gnade – »Glück« würden wir auf Erden sagen! So will ich die Gunst der Stunde nützen.

Nun beginne ich dir zu erzählen, liebe Pepi, warum ich dir so wenig Antworten gab und im fortgeschrittenen Krankheitszustand kaum redete.

## SCHWEIGSAMKEIT

Der erste Grund war, daß ich nicht glauben, also annehmen wollte, daß ich sterben muß. Ich sinnierte stunden- und tagelang vor mich hin, daß mein Leben jetzt in der Pension doch noch so viel für mich bereit hielte und ich noch leben wollte. Meine Pläne kennst du ja – von Kärnten, vom neuen Haus, von, von ... Ich war zu viel mit mir beschäftigt, so daß ich zu wenig Zeit für deine Anliegen hatte, aber auch für die Kinder, Enkel usw.

Erst als die Energien nachließen und meine Lebenskraft schmolz und ich auf fremde Hilfe angewiesen war, kam mir plötzlich die Erkenntnis, mich doch auf das Jenseitsleben vorbereiten zu müssen.

## ANGST

Ich hatte riesige Angst – trotz meines geistigen Wissens, trotz meiner Gebete, trotz der langjährigen geistigen Verbundenheit mit den Geistfreunden. Ich hing am Erdenleben. Und mit der Angst kamen die pausenlosen Versuchungen und Quälungen, das Aufbegehren, die Versprechungen Gott gegenüber, ich werde es bestimmt noch besser machen, wenn ich noch einige Zeit leben dürfe.

## SCHMERZEN

So war ich zu Hause – als die Schmerzen noch erträglich waren – introvertiert, ganz und immer mehr auf mich bezogen, was mir jetzt sehr leid tut. Bitte, verzeih mir, liebste Pepi.

Ein weiterer Grund ist meine qualvolle Schmerzerfahrung. Ich wollte vor euch, besonders vor dir, den Helden spielen und die argen Schmerzen anfangs verheimlichen. Als ich dann stationär im Spital war, gelang mir dies nicht mehr. Denn dir und anderen lieben Beobachtern wird es nicht entgangen sein, daß ich ein schmerzverzerrtes Gesicht hatte, wenn ich z. B. meine Beine in eine andere Richtung hob.

Du sollst wissen, liebe Pepi, daß mein Zustand schwankte. Oft glaubte ich, wenn Medikamente wirkten, ich schaffe es noch einmal. Dann die tiefe Enttäuschung und Niedergeschlagenheit mit Tränenergüssen in der Nacht und Quälereien von bösartigen Wesen über ihre Einflüsterungen.

Eine der qualvollsten Einflüsterungen war diese: »Hättest du nur gelebt, wie wir es dir oft gesagt haben, was das Zeug hält, dann hättest du von deinem Leben mehr gehabt, wärest glücklich und zufrieden gewesen und könntest zurück schauen und sagen: Ja. Ich habe das Leben genossen und dies in vollen Zügen.«

Ähnliche Einflüsterungen bis hin zu Suggestionsbefehlen gaben sie mir immer und immer wieder: »Was wird aus all dem, was du zurückläßt? Wehre dich doch! Verfüge darüber, laß nicht alles so laufen!« Jetzt weiß ich, was diese ungünstigen Einflüsterer wollten: Ich sollte mich bis zum letzten Atemzug mit der Materie beschäftigen, damit sie meiner habhaft werden können. Ihr Plan wäre es gewesen, wenn ich mich belastet hätte: Gewissensbisse bis in den Tod!

Als meine Kräfte schwanden und sich ca. 4 bis 5 Tage vor meinem Körperableben noch zusätzlich die Luftzufuhr verringerte, wußte ich: Die Tumore werden die Körperenergien besiegen! Von diesem Zeitpunkt an begann ich, mich innerlich umzustellen.

Die Materie und ihre Annehmlichkeiten, z.B. Auto, Boot, Kärnten, Tennis usw. – also alles, was ich liebte, leider auch du, liebste Pepi, die Kinder usw. –, trat in den Hintergrund. Obwohl du dich grandios für mich bis zum Letzten aufgeopfert hast – mit Speisen und Getränken –, folgte ich manchmal nur widerwillig. Aber dir zuliebe schluckte ich alles. Bis ich nicht einmal mehr dies tun konnte.

## DIE TODESKRANKHEIT

Karzinome sind keine »Geißel der Menschheit«, sondern sie sind oft Folgeerscheinungen von nicht gottgewollter Lebensweise – weit weg von der Natürlichkeit. Jetzt weiß ich, daß Rauchen, kaltes Trinken, aber auch unqualifiziertes Essen eine große Rolle bei mir spielten. Vom unguten Denken von damals (das um Bar, Bau und Schaffen kreiste) ganz abgesehen.

Wir Erdenmenschen wollen nicht glauben, daß Denken und Reden so intensiv unsere Seele und – als Folge – den Körper beeindruckt. Dies sowohl im Guten als auch im Schlechten.

Die Ursachen liegen oft weit zurück. Aber mit oftmaliger Wiederholung von Ungutem werden »Programme« – ähnlich wie beim Computer – eingegeben. Die Auswirkung ist bei jedem Menschen verschieden. Bei mir war sie entsprechend bösartig. Zurück zu meinen letzten Tagen, liebe Pepi: Angelika sagte einmal – es war schon einige Zeit vor meinem Endstadium: »Wie ich meinen Papa kenne, tut er es nicht mehr allzu lange!« – Sie hatte recht. Hätte ich ihre Worte ernst genommen, wäre mir viel erspart geblieben. Jetzt bin ich ihr aber dankbar für ihre Offenheit.

Übrigens bitte ich dich, liebste Pepi, Angelika, Sabina, Noah, Amos, Amara, Niki usw. um Verzeihung, sollte ich euch Ungutes angetan oder gesagt haben. Wißt ihr, ihr Lieben, ich kann es jetzt ja nicht mehr gutmachen. Aber wenn ihr mir verzeiht, erleichtert ihr damit mein Schuldgefühl.

Nach dieser Abschweifung zurück zu meinen letzten Erdentagen im Körper. Es ist schauerlich, wenn man denkt: Über 70 Jahre war ich gewohnt, in einem gesunden Körper zu leben, und jetzt... Bald wird er im Sarg liegen.

## HELLSICHTIGKEIT

Aber dann plötzlich sah ich bei einem Besuch von dir, liebe Pepi, eine Gestalt neben dir, die sich zu mir her bewegte. Es war deine Mutter. Ich schloss die Augen, aber die Gestalt deiner Mutter sah ich auch mit geschlossenen Augen. Nun ist es so weit, war mein Gedanke: Halluzinationen!

Aber kaum ausgedacht, kam meine Mutter in mein Blickfeld. Jetzt dämmerte es mir: Ich sah hell, was ich mir mein Lebtag lang so sehr gewünscht hatte! Es war mein erster glücklicher Augenblick seit langem. Aber meine Freude war kurz, denn mit deinem Weggang waren auch die Muttergestalten weg.

Jetzt weiß ich, daß du, liebste Pepi, zu diesem Zeitpunkt die Odkraftabgeberin warst, als ich noch dichtstofflicher dachte und war.

Mit zunehmender Schwäche meines Körpers – die Karzinome fraßen ja die Körperenergien für die Zellentwicklung weg – wurde ich hellsehender und hellempfindender.

An einem späten Nachmittag kamst du, liebste Pepi, wieder und brachtest, wie mir schien, neben den Müttern auch deren Männer mit. Schwiegervater Leopold begann sofort, auf mich einzureden. Alle anderen schwiegen. Jetzt weiß ich, warum er dies tat. Er war mir noch im erdnächsten Schwingungsbereich und hatte den Auftrag von meinem lieben Schutzengel, mich anzureden und auf einiges aufmerksam zu machen. Ich sah ihn, redete mit ihm und fragte, wann es denn so weit sei mit meinem Austritt aus dem Erdenkörper.

Seine Antwort war einfach und kurz, er dürfe es mir nicht sagen. Jetzt weiß ich, warum er es nicht sagen durfte. Dies ist nämlich meist die Angelegenheit des persönlich leitenden Schutzengels oder von dessen Delegiertem. Je mehr ich mich um diese ins geistige Leben Vorangegangenen annahm – das mußte ich von mir aus tun –, umso weniger redete ich mit dir, liebste Pepi! Das eine bedingte das andere.

## AGONIE

Schließlich kam der Augenblick, wo ich bösartige Wesen erkennen konnte. Sie lauerten darauf, daß ich wieder ins irdische Denken verfiel, und Depressionen und Energieverluste waren die Folge.

So erwischte ich mich oft, daß ich laut zu beten begann und dann um Hilfe rief – oder unkontrolliert ihnen zurief: »Verschwindet!« Dies wertet man auf Erden als »Agonie« und meint, es seien Halluzinationen usw. In Wahrheit ist es wirklich so, wie ich es erlebte.

In einem Erlebniszustand wie dem meinen läßt das Zeitgefühl – also der Sinn für Tages- und Uhrzeit – aus. Mein Bedürfnis war der Verkehr mit meinen Lieben – aus dem Jenseits bereits mehr als aus dem Diesseits. Ich »vergeistigte« oder »veredelte« mich auch zusehends, so daß mein Sehnen nach dem Austritt aus dem Körper wuchs.

Aber soweit sollte es noch nicht sein, denn die narkotischen Schmerzmittelgaben der Ärzte wurden immer stärker – und mein Durchdringen durch das materielle Gehirn im Denken immer geringer.

So erlebte ich beim Nachlassen der Schmerzmittelwirkung einen leichteren Denkdurchlaß im Gehirndenken, aber die Schmerzfühligkeit nahm enorm zu. So war mir – ehrlich gesagt – das Jenseitsleben bereits lieber als das Erdenleben. Dieser gesamte Schwerstkrankheitszustand machte mich einsichtig und mürbe.

Jetzt kam von dir, liebste Pepi, ein ganz wichtiger Hinweis zu den Ärzten, der aus meinem jetzigen Denken so lautete: »Ich lasse Fritz los, gebt ihm, was ihr für das Richtige haltet.«

Das war für mich eine ungeheure Erleichterung, denn ich schwankte zwischen dir und den Erdenlieben – und den Jenseitslieben. Niemandem wollte ich weh tun. Schließlich ergriff dein lieber Schutzengel die Initiative und inspirierte dich: »Laß ihn los!« – Erinnerst du dich, liebste Pepi, daran?

Ab diesem Zeitpunkt war ich – wie ich bereits betont habe – befreiter: Ich lebte halb im Koma – von außen betrachtet; innerlich aber dem lichten Jenseits zustrebend.

Bald waren diese ehemaligen Lieben da, bald jene; aber seit kurzem empfand ich ein eigenartiges Seelenerleuchtungsschwingen. Dies bedeutete, aus jetziger Sicht betrachtet, eine Annäherung meines Schutzengels an mich. Er bereitete meinen Fokus auf sich vor und stellte mein schwaches Hellsehvermögen auf sich ein. Damit war ein wichtiger Schritt, ihn zu erreichen, gegeben.

Und siehe da, nicht lange danach trat er mit vielen anderen vor mein geistiges Auge.

Beim ersten Mal, als ich ihn sah, sagte er nichts – jetzt weiß ich, daß wir beide noch nicht in der gleichen Schwingungsintensität waren.

Immer wieder tauchte meine Frage an meine lieben ehemaligen Erdenverwandten auf: »Wann ist es so weit?« – Ich gestehe, ich wurde ungeduldig. Doch diesbezüglich kam keine Antwort.

In der irdischen Betrachtungsweise von dir, liebste Pepi, und von meinen ans Krankenbett geeilten Lieben hieß es nur: »Agonie!« Du weißt ja, was die Ärzte sagten: »Nicht mehr lange«, war ihre Antwort.

Mein Schutzengel, den ich schon einige Erdenleben kannte – rückwirkend weiß ich das –, sagte: »Zur passenden Zeit wirst du abgeholt.« – Mit dieser »passenden Zeit« wußte ich nichts anzufangen. Jetzt weiß ich, es sollte eine Zeit sein, wo ungestört an meiner Befreiung vom Erdenkörper gewirkt werden konnte. Denn zum damaligen Zeitpunkt erkannte ich schon meine Schutzengel-Helfer, die durch Magnetisation (ein herrliches Energiefarbenspiel!) meine Körper-Geist-Seele-Lockerungen vorantrieben.

Plötzlich kam mein Schutzengel zu mir und sprach: »Deiner lieben Frau Schutzengel versetzte sie in einen tiefen Körperschlaf, so daß sie austreten konnte und dich jetzt nicht durch Gefühle und Gedanken zurückhalten wird. Sie wird das unbestimmte Gefühl nicht los, sie hindere dich am Austritt!«

Nun ging es rascher, als ich dachte. Aber vorher fragte mein Schutzengel mich, ob ich bewußt sein will. Ich gab ihm zur Antwort: »Ich bin so müde, ich kann mein Bewußtsein nicht mehr aufrecht erhalten!«

Aufgewacht bin ich, liebste Pepi, wie du schon weißt, in einem herrlichen Blumenpalast! Ich danke in inniger Liebe und Umarmung. Dein Fritz – und Fritzi!

*

Gott zum Gruß! *E m a n u e l.*

Die Odkraft des Mittlers ist zu Ende.

Gott zum Gruß! Emanuel.

*9. 5. 2001:*

# 9. VOR DEM GESAMTLEBENS-PANORAMADURCHBLICK

Gott zum Gruß! *E m a n u e l.*

Unsere liebe Schwester Josefine!

Jetzt ist es für Dich und Bruder Fritz wieder so weit. Nach der Bereitstellung der Odkräfte für den Mittler und indem ich meine Position als Kontrollgeist einnehme, übergebe ich jetzt zur Inspirationskundgabe an Bruder *F r i t z.*

*

Gott zum Gruß, liebste Pepi!

Hier ist Fritz! Ich umarme dich herzlichst! Mir geht es prima, obwohl ich mit meinen Lebenspanorama-reinigungen noch nicht fertig bin. Lies das, was ich jetzt dir und allen anderen sagen will, einige Male!

Jeder Mensch, welcher sich durch sein positives Erdenleben eine lichte Jenseitsstufe erwarb und in angemessene Sphären einziehen darf, also nicht mehr pflichtdringlich zur Erde muß, *braucht eine Gesamtlebens-panoramadurchschau und Restverfehlungsreinigungen.*

Das heißt: Von unserem Abfall bis zum letzten Fehlverhalten muß alles durchschaut, durchlernt und bereinigt werden! Es ist eine Art Nochmals-alles-Durchleben.

Leitende Geistwesen und der liebe Schutzgeist begleiten mich dabei. Es ist oft traurig und niederschmetternd – aber auch jauchzend, lieb und schön! Ich habe noch gut ein Drittel durchzuarbeiten, bis ich in meine geistige Heimat in 5/2* einziehen darf. Fluidalmenschen, die geeignet und bereit sind zu einer neuen Inkarnation, brauchen dieses Gesamtpanoramabild nicht durchzugehen, denn sie sind hauptsächlich mit dem letzten Leben oder vorherigen Lebensdurchgängen in der Materie beschäftigt.

## GEISTIGE FAMILIENBANDE

Nun, liebste Pepi, zu Fritzi. Dieser hat seine Aufgaben – mir freiwillig zu helfen – erfüllt und ist wieder in seine Geistheimat entrückt. Er läßt alle seine Lieben lieb grüßen, aber die magnetische Heimatanziehung ist stärker als sein Wunsch, noch bei mir zu verweilen.

Ich sehe dieses magnetische Anziehen jetzt schon in einem ganz anderen Licht. Denn das Glücklich- und Geborgensein – alles Adäquate – wird zum Lebensinhalt!

---

* Vgl. dazu die Anmerkung auf Seite 23.

Folglich ist es für mich eine große Freude, wenn er in seiner Geistheimat glücklich ist und sein Leben weiterleben kann. Diese seine Vorgangsweise ist durch meine Erkenntnisse und Besprechungen mit ihm für mich nicht nur verständlich, sondern auch wünschenswert. Denn ich selbst sehne mich auch schon, in den Genuß meiner Geistheimat zu gelangen.

Auf Erden, also im Erdenleben, ist man – auch ich war es – viel zu engsichtig bis egoistisch. Man glaubt, jeden und alles besitzen zu müssen. Hier will man, je weiter man aufsteigt, umso selbstloser und »unbesitzender« sein. Denn es gehört ja allen alles, und keiner von uns hamstert für sich auf Kosten anderer Vorräte ein. Es ist alles im Überfluß da, und das Schöne daran ist: Es verdirbt nichts.

Mit unserer inneren Reife, also mit Einsicht, Klarsicht und liebender Weitsicht, verändert sich stets alles zum noch Besseren!

Das sollte man auf Erden einmal erleben können! Da würden die Erdenmenschen nur mehr so viel für sich in Anspruch nehmen, als unbedingt nötig ist, damit sie überleben können.

Ich bin ein bißchen abgekommen von Fritzi. Ich wollte dir, liebe Pepi sagen, daß dir Fritzi folglich nichts mehr schreiben wird. Auch ich werde nicht mehr viel schreiben – vielleicht ist dies schon das letzte Mal, daß ich dir Fragen beantworten kann. Denn Emanuel sagte mir, er ziehe sich jetzt bald von seiner Erdenmission zurück.

## GEISTIGES KUNDGEBEN

Deshalb beschreibe ich dir nun, wie ich überhaupt über Leo reden darf. Denn das ist gar nicht so einfach. Ich durfte auf Beobachterposten sein, als die Vorbereitungen für meine Kundgaben erfolgten.

Von den Helfern Emanuels wird zuerst ein Inspirationsenergiekraftfeld in einer Art Komprimierungsglocke aufgebaut. Das heißt, über den Mittler wird, nachdem er sich von Irdischem frei machte und sich für die Kundgaben öffnete, eine trichterartige, geschlossene Glockenform gestülpt. Die Farbe ist je nach dem Odkraftgemisch für die beabsichtigten Kundgaben färbig bis hell weiß. Bei mir ist sie gelblich bis zart blau. Diese Glocke, wie ich sie nenne, hat eine Art Mundstück.

Zwischen dem Einmünden des Schlauches in die Glocke und dem Mundstück ist eine Kontrollmanschette eingebaut, welche Emanuel als Kontrollgeist betätigt, wenn ich zum Beispiel Unrichtiges sage, oder unklare Ausführungen mache.

Hat dann Leo sich frei gemacht und sich für meine Kundgabe an dich, liebste Pepi, geöffnet, wird die Glokke mit Inspirationsenergie unter Druck gefüllt und mit des Mittlers eigenen Energien vermischt, so daß eine längere Kundgabenmöglichkeit gegeben ist.

Nun spricht zuerst der Kontrollgeist – dies ist die Regel – und richtet Leo auf meine Schwingung ein. Mein Schutzgeist verstärkt meine Bewußtseinskraft, und dann geht's los. Somit rede ich inspirativ durch Leo zu dir. Aber Leo schreibt es für dich auf. Wärest du, liebste Pepi, selbst ein Medium, so könnten wir persönlich miteinander verkehren.

Aber ein wenig Erfolg haben wir schon, denn du träumst von mir. Zwar sind nur Fragmente davon in deinem Bewußtsein, aber wir beide üben fest und entschlossen daran. Schreibe dir diese Fragmente der Träume auf! Vielleicht kann ich noch mehr Gedanken- und Gefühlseindrücke damit erreichen.

Liebste Pepi! Wenn ich, dein Fritzl, nicht auf alle deine Fragen eingehe, so liegt es daran, daß ich das Wichtigste zuerst durchgeben soll, denn ich denke jetzt schon mehr universell. Diese Durchgabengnade soll nämlich für viele Menschen auf Erden hilfreich sein!

Nun komme ich zu einem Erlebnisbericht, den ich unbedingt kundtun will. Hoffentlich kommt die Inspiration gut durch, denn so etwas gibt es auf Erden nicht.

Stell dir den Donaustrom vor; nein, noch größer: den Golfstrom; nein, noch größer, breiter, mächtiger als dieser! Von den niederen Sphären strömt oder schwingt so ein adäquat angepaßter Odkraftenergiestrom unentwegt in reine, entwickelte Sphären und zieht jene Fluidalmenschen, die sich positiv entwickeln wollen, mit sich.

Er bezog auch mich sogar schon ein; ich wurde aber wieder »ans Ufer« getrieben, denn ich muß ja zuerst noch mein Lebenspanorama bis zum guten Ende durchleben.

Dieser – ich sage einmal so – Lebenserhöhungsstrom besteht nicht aus Wasser, sondern aus Energiekraftfeldern. Darin sind Schwingungsunterschiede. Und die Leitung haben erhabene Geistwesen in der Ordnung Gottes. Sie sammeln damit gutwillige Fluidalmenschen.

Dies geht laut Aussage von Emanuel so vor sich: Jedes Fluidalwesen, welches sich unbewußt oder bewußt eine gute geistige Stufe erworben hat, wird dort »an Land« gespült, wo seine adäquate Heimat ist. Die

Begleitung sind oftmals der liebe Schutzgeist und helfende Verwandte und sonstige Helfer.

Es gibt in diesem Energiestrom sogenannte »Wohnquartiere«, welche denen dienen, die in den Reinigungsinseln oder Läuterungs- und Lehrsphären kurz oder länger ihren derzeitigen Lebensinhalt haben.

Geistwesen haben in Kundgaben auf Erden oft von einem großen Wasserstrom oder Fluß gesprochen. Dies dürfte damit gemeint sein. Es ist ja für mich und für alle kundgebenden Geistwesen so schwer, euch etwas zu erklären, wofür es bei euch keine Vorstellung gibt.

## ANTWORTEN AUF WEITERE FRAGEN

Nun, liebste Pepi, noch kurz zu einigen Fragen von dir:

- (*Wie schaut Emanuel aus?*) Mein von mir sehr ins Herz geschlossener Emanuel war nicht gleich beim Empfang anwesend, denn ich war ja nicht ganz bewußt und zu müde. Später, als ich erwachte, besuchte er mich. Große Freude! Denn ich sagte dir ja schon, er ist größer, gewaltiger und harmonisch ausstrahlender, als ich auf Erden dachte.
- (*Werden im Jenseits Feste gefeiert?*) Zu Weihnachten, als ihr dies auf Erden gefeiert habt, war ich erst halbhalb bewußt, habe also von einer Feier

nichts mitbekommen. Als ihr Ostern gefeiert habt, war ich intensiv mit meinen Verfehlungen usw. beschäftigt. Wir gedachten aber dieses glorreichen Sieges Christi in innigem Gebet mit dem Schutzgeist und Helfern und Fritzi. Aber feiern in dem Sinn wie auf Erden tat ich dies nicht.

(*Verständigung im Jenseits?*) Wir verständigen uns im Jenseits durch Gedanken- und Gefühlsenergien. Auf Erden sagt ihr dazu Telepathie. Die irdische Telepathie ist aber eine recht »stumpfe« Ausdrucksweise und Weitergabe des Senders an den Empfänger, denn der Planet Erde ist sehr energiearm. Die negativen Wesen ziehen nämlich den Erdenmenschen zuviel Energien ab und verwerten diese in ihrem Sinn als Anti-Entwicklungs-Energien.

(*Besteht noch eine Beziehung zur Materie?*) Mit dieser Frage meinst du wahrscheinlich, ob ich es bedauere, daß ich die Materie zurücklassen mußte: Nicht im geringsten! Es tut mir sogar leid, daß ich so viel schuftete, um mehr anzuhäufen. Es belastete mich anfangs sehr, daß ich nicht noch mehr Gutes damit tat. Liebste Pepi, tu mehr damit – in meinem Namen, bitte!

Weil wir gerade beim Geld (Stoff) sind. Mir wurde eine Episode von der Banknotenherstellung gezeigt. Diese soll ich durch Leo an dich weitergeben.

Ich sah die Banknotendruckmaschine in zweifacher Ausführung, also als eine Doppeldruckmaschine! Bei jeder stand ein Kontrollmensch. Der erste war neutral eingestellt, das heißt, er tat seinen Aufsichtsdienst und beschäftigte sich in Gedanken und Gefühlen mit verschiedenem Positivem, z. B. Familie, Freunde usw. Das zweite Aufsichtsorgan an der anderen Maschine betrachtete hingegen die Banknoten mit Gier und Habsucht und machte Pläne, was er mit dem vielen Geld machen würde und welches Wohlleben er sich gönnen könnte.

Bei diesem intensiven Luftschlösser-Bauen sah ich plötzlich neben und hinter ihm graue Gestalten erscheinen. Sie suggerierten ihm die Sucht, sich derart von den an sich neutralen Banknoten beeindrucken zu lassen – was er unbewußt durch seine niederen Wollenstriebe auch tat.

Dann wurde mir gezeigt, wie sich die vorher »neutralen« Banknoten grautönig verfärbten – also Belastungen von diese »Beeindruckten« annahmen.

Ich fragte meine Begleiter, was ich davon halten soll. Ihre Antwort war: Satanische Beauftragte sollen schon über geeignete, in ihrer Aura geöffnete Menschen, welche dort arbeiten, Vorbereitungsarbeiten dafür leisten, damit die bösartigen Geistwesen bei den geldsüchtigen Menschen von Anbeginn des neuen Banknotenumlaufes an eine leichtere Handhabe zur Verführung haben!

Dies bestürzte mich zutiefst, und ich bat, dies dir, liebe Pepi, und allen Erdenmenschen kundgeben zu dürfen. Ich fragte: »Was können die armen Menschen tun, damit sie nicht in diese negativ beeinflußte Geldsuchtgefahr geraten?« Man gab mir zur Antwort: »Im Stoff Positives sehen, d. h. Hilfen zur Hilfe erkennen! Und wenn Wunschsüchte aufkommen, darauf achten, was sie bezwecken wollen; ob positive oder negative Taten, und dann im Sinne des Spiegelgesetzes auf sich selbst zurück schließen: Habe ich noch etwas davon in mir? –

Vor allem aber nach jedem Geldgebrauch mit Gedankenkraftanwendung Hände, Gedanken und Gefühle reinigen. Vor der Essenseinnahme unbedingt, aus hygienischen Gründen, die Hände reinigen – ebenfalls in Gedanken und Gefühlen – wegen der Anhaftung!«

## WENN DIE ODKRAFT ZUR NEIGE GEHT

Nun geht, wie mir Emanuel andeutet, die komprimierte Inspirationsenergie und die Lebenskraft des Mittlers zu Ende. Deshalb ganz kurz eine Antwort auf deine innere Frage:

Ja, liebste Pepi, ich spüre dein Gebet, spürst du auch meine Liebeskraftgebete für dich?

Zum Abschluß noch eine Antwort auf die wichtige Frage nach dem Warten auf den irdischen Partner.

## VERBINDUNG MIT DEM IRDISCHEN PARTNER

Du meinst mit deiner Frage wohl, ob ich auf dich, liebste Pepi, »warten« werde. Diese Frage ist für mich schwer zu beantworten, weil du so an mir »hängst«! Aber trotz allem will ich dir nicht weh tun. Höre genau zu! – Warten im Erdensinn des Wortes kann und darf ich nicht. Dies wäre ein Zeit- und Energienotstand für mich. Ähnlich wie Emanuel zu mir sagte, er müsse seinen Lernrückstand nachholen, welcher sich durch seine mehr als dreißigjährige Erdenmission angehäuft hat. Aber geistig intensiv dich unterstützen, so gut ich es vermag, und auch im Materiellen dir Hilfen anbieten, das tue ich aus ganzem Herzen.

Selbstverständlich werden wir, wie ich selbst schon beobachtet habe, von den Schutzgeistern des Abzuberufenden informiert, so daß ich dich bei deinem Empfang im lichten Jenseits in die Arme schließen kann. Hoffentlich bist du einigermaßen zufrieden mit meiner sanften Erklärung.

Ich, dein Fritz, werde Emanuel bitten, daß ich vor seinem Zurückziehen dir noch einmal Mitteilungen kundgeben darf. Ich hoffe es, bin aber nicht sicher. In inniger Liebe und geistseelischer Umarmung – dein Fritz!

Liebste Grüße an alle meine Lieben! Seid gesegnet auf eurem Erdenweg!

*

*Emanuel*: Unsere geliebte Josefine!

Des Mittlers Energien und die von uns zur Kundgaben-Durchgabe bereitgestellten Inspirationsenergien gehen zur Neige. Ich schließe mich der Bitte von Bruder Fritz wegen der Veröffentlichung seiner Durchgaben an.

In Liebe Gott zum Gruß! Emanuel.

*9. 6. 2001:*

## 10. FRITZ HAT IM JENSEITS FUSS GEFASST

Gott zum Gruß! *E m a n u e l.*
Unsere geliebte Schwester Josefine!

Mein Gruß gilt dir, liebe Schwester Josefine – von all deinen Lieben aus den verschiedenen Sphären im lichten Jenseits.

Zuerst zur Klarstellung:

- Sobald ich, Emanuel, die letzte Andacht kundgegeben habe – also am kommenden Samstag – habe ich meine Erdenmission vorläufig beendet und kann keinerlei Kundgaben von Bruder Fritz mehr an dich weiterleiten. Dies obliegt dann Geistbruder Hardus, wenn er dies will.
- Eine weitere klare Aussage von mir: Bruder Fritzi, dein ehemaliger Erdensohn, ist in seiner geistigen Heimat tätig zu seiner geistigen Fortentwicklung.
- Mit dem Buch »Wiederkunft Christi« in englischer Sprache warte noch ab. Nur wenn es jemand aufgrund von Gesprächen mit Dir haben oder vertreiben will, dann tu es.

Nun will ich Dir noch eine Freude bereiten:

Ich lud Bruder Fritz zur letzten Andacht nach St. Pölten ein. Er ist sehr aufgeregt und ist fleißig beschäftigt, seine Vorbereitungen zu tätigen, damit er es schafft. Er will neben dir sitzen – unsichtbar – dich liebkosen und inspirieren.

In Liebe Gott zum Gruß! Emanuel.

Ich übergebe den Mittler an Bruder *F r i t z*.

*

Meine innig geliebte Pepi! Hier ist Fritz aus meiner derzeitigen geistigen Heimat. Ich bin jetzt in 4/6* und lerne fleißig weiter zu meinem geistigen Aufstieg und habe noch viel vor. Meine Wiedersehensfreude für den Samstag ist groß.

## GEISTIGE ORDNUNG

Ich muß mich jetzt aber teilweise an deine Fragen halten und auch mein Programm durchziehen. Du weißt ja, daß ich oft pedantisch genau war auf Erden und ich bin es noch mehr im Jenseits geworden. Anders geht es hier nicht. Phlegmatisch zu sein, ist hier ein Laster. Dies

* Vgl. dazu die Erklärung in der Fußnote auf Seite 23.

muß sich jedes Geistwesen hier so rasch wie möglich abgewöhnen. Zielstrebigkeit in allen Lebensbereichen ist hier Trumpf.

## UNIVERSELLE LIEBE

Mich bedrückt es sehr, daß Sabina glaubt, ich liebte sie weniger. Deswegen führe ich jetzt einiges aus zu diesem Thema:

Jedes Geistwesen, welches eine gewisse Lernentwicklung hinter sich hat, liebt universell. Das heißt, es hat erkannt, daß der Schöpfer alle seine Geschöpfe liebt und daß wir es ihm gleichtun sollen.

Folglich liebe ich alle meine Lieben, besonders jene, welche mit mir in einer Schicksalsgemeinschaft auf Erden gelebt haben. Denn aus Liebe zur geistigen Entwicklung vereinten wir uns auf Erden.

Deine Frage nach genauen Details unserer Familienzusammengehörigkeit kann ich derzeit noch nicht beantworten, weil ich noch nicht durchblicke.

Aber so viel traue ich mich doch zu sagen: Wenn ihr Lieben die Geistliebeslehre Christi lebt, Gutes tut und jetzt schon Fehlerbereinigungen tätigt, dann seid ihr das letzte Mal im Erdenkörper.

1) Zu Deiner Frage nach dem Titel (*des entstehenden Buches)*: Große, gewaltige Freude, daß du, liebste Pepi, das Büchlein vorantreibst. Ich danke dir und Bruder Gottfried, daß er sich meines Wunsches annahm. Auf meiner Stufe angelangt, ist man bereits bestrebt, so wie ich es schon auf Erden wollte, mitzuhelfen im Heilsplan Jesu Christi. Der von dir als Beispiel vorgeschlagene Titel (»Gespräche mit meinem lieben Mann und Sohn aus dem Jenseits, denn es gibt doch ein Weiterleben«) ist gut, sogar sehr gut, denn er soll doch den Erdenmenschen auf das Fortleben im Jenseits hinweisen. Aber ihr könnt diesen Titel noch zugkräftiger ändern – wie ihr dies wollt.

2) Zur Frage, ob ich mich *in meiner Sphäre frei bewegen* kann und wie dies vor sich geht, kann ich sagen, daß es hier in 4/6* – wo ich derzeit lerne, strebe und wirke – so etwas wie »Freiheit« nach unten ohne Grenzen gibt. Meine Bewegungsfreiheit ist dem Fluidum angepaßt. Ich kann in einer

---

* Vgl. die Fußnote auf Seite 23.

gewissen Denkrichtung und mit Denkkraft überall hin, wo das ähnliche Fluidum vorherrschend ist. Wenn ich aber die Erlaubnis von meinen Lehrern und muß den Grund meines Eintauchens in dichtere Sphären bekanntgeben. Dann wird mir ein Geistwesen – z. B. ein Schutzgeist, Helfer usw. – zur Seite gestellt, und mit diesem darf ich dann dorthin und z. B. meinen Besuch bei lieben Geschwistern tätigen. – Zur Frage, wie dies vor sich geht: Wenn mir diese Vorbedingungen zugestanden wurden, verdichtet mein Helfer mich und sich; so ähnlich, wie wenn wir in den kalten Keller gehen und dazu wärmere Kleidung anziehen. Die Bewegungen sind umso schneller, je intensiver wir in höheren Sphären leben – und sie werden langsamer, wenn wir uns in einem dichteren atmosphärischen Ring bewegen.

3) Wenn du nach meinem *jetzigen* »*Körper*« fragst, so geht aus der Beantwortung der vorigen Frage bereits eindeutig hervor, daß ich einen Fluidalkörper trage, der sich verfeinern oder verdichten läßt – je nach der Entwicklungssphäre, in der ich mich betätige.

4) Zur Frage nach meinem *Unterricht* kann ich sagen, daß ich und viele viele andere Lieben laufend unterrichtet werden. Aber wir sind auch aufgeklärt und angehalten, selbst tätig zu werden und das uns Gelehrte in die Tat und Praxis umzusetzen. Wie es im Buch über die Fluidalmenschen GESPRÄCHE MIT DRÜBEN* zu lesen ist, werden wir von Lehrern, Mentoren usw. unterrichtet.

5) Zur Frage nach der *Nutzung meiner Gedankenkraft zur Gestaltung meiner Wohnung:* Gedanken- und Gefühlsenergien bewegen hier unser Leben. Auf Erden träumte ich, wie du, liebe Pepi weißt, von einem Marmorpalast im Jenseits. Jetzt, wo ich mir diesen durch Gedanken- und Gefühlsvorstellungskraft bis ins kleinste Detail schaffen könnte, tue ich es nicht. Denn es wäre Vergeudung kostbarer Energie, welche ich zur geistseelischen Weiterentwicklung dringend benötige – und besser einsetze. Dazu bedürfte es dann auch noch einer »Dematerialisierungsenergie«. Denn alles, was man z. B. in einer Sphäre aufbaut, muß, wenn man diese dann verlassen will, wieder in die vorherige Ordnung ge-

---

* Vgl. im Literaturverzeichnis auf Seite 88.

bracht werden. Dazu ist mir meine Lebenskraft zu schade, denn ich kann Besseres damit bewirken.

6) Du fragst, ob ich *im Denken und Fühlen anders empfinde* als auf Erden. Ja. Unser Denken und Empfinden ist völlig anders als auf Erden. Aber das »andere Leben« im Jenseits bringt das stufenweise erlernbar mit sich. – Ich denke z. B. an dich und fühle dich sogleich. Oder ich denke an Fritzi, und er meldet sich, sobald er die »Leitung« zu mir frei hat. – Das Empfinden und Denken hier ist heller, reiner, intensiver und viel klarer im Ausdruck – je besser ich mich einstelle und entwickle. – Es macht auch viel mehr Lebensfreude, hier zu leben als auf Erden. Denn es ist ein erfüllteres Leben, so intensiv zu denken, zu fühlen, zu lieben, zu lernen, zu beten usw.

7) Zur Frage, ob ich *mein geistiges Wissen an weniger Entwickelte weitergeben* kann: *Mein geistiges Erdenwissen war die Grundlage zu meinen bisherigen Erfolgen im Aufstieg.* Dies will ich ausdrücklich unterstreichen. Denn ohne dieses Fundament wäre ich bei weitem noch nicht dort, wo ich jetzt bin. Zum Weitergeben meines Geistwissens bin ich aber noch nicht befugt. Das dürfen nur speziell ausgebildete

Geistwesen. Ich habe an mir – und vor mir – noch Gewaltiges zu bewältigen. Nur an »Neuankömmlinge von der Erde« kann ich – sofern ich sie kannte und dies zu ihrem geistseelischen Fortschritt dient – Geistwissen weitervermitteln.

8) Du fragst auch, ob ich hier meine *berufliche Erfahrung nützen* kann. Liebe Pepi, meinen Zahnbehandlerberuf kann ich hier in 4/6* nicht ausüben, denn wir besitzen hier keine Zähne im Erdensinn. Sie wären ja unnütz, denn unser Fluidalkörper bedarf in diesen Sphärenhöhen keiner festen Speisen mehr. Es ist ein Fluidum, das wir »tanken«. Und die Liebe des Schöpfers ist so gewaltig, daß er uns mit diesen Energien stärkt; es ist unsere Auftriebs- und Lebenserfüllungskraft.

9) Deine Frage, ob ihr euch mit mir *im leibfreien Zustand in der Nacht treffen könnt*, muß ich verneinen, denn ich darf nicht alleine in die sogenannte »Aussprachesphäre«, wo Erdenmenschen in leibfreiem Zustand sich mit Geistfluidalwesen treffen können. Ein Zusammentreffen organisieren stets

* Vgl. dazu die Anmerkung auf Seite 23.

die Helfer und die lieben Schutzengel. Wenn also Bedarf besteht, gehört eine planmäßige – ordnungsgemäße Vorbereitung dazu.

10) Du fragst auch, wie bei uns *Tag und Nacht* ist. Tag und Nacht ist für Erdenmenschen eine Selbstverständlichkeit, denn die Weisheit des Schöpfers hat es so eingeteilt, daß der Erdenkörper, wenn sich die Menschen zur Ruhe begeben, mit Energie aufgeladen wird. Hier bewirkt die Sphärenschwingung unsere Energiedurchflutung, d.h. wir haben weder Tag noch Nacht. Bei uns gibt es kein Abschalten dieses Energielichtes – und das betone ich mit Nachdruck, weil ich es selbst erlebte: *Je höher ich aufstieg, umso intensiver wurde das Energielicht.* Es gibt nur eine Art Bewußtseinsherabminderung, wenn man es selbst will. Dies dient hier z. B. dazu, um Energie zu tanken für eine vor mir liegende und zu bewältigende Tätigkeit. Es ist dies wie ein Innewerden. Nur in diesem Zustand – z. B. durch Meditation – kannst du für dich dieses »Geheimnis« enträtseln.

Zum Wort Geheimnis will ich noch sagen: Ich ließ mir erklären, daß es keine Geheimnisse gibt, wie die Menschen glauben oder beten: »Geheimnis des Glaubens«. Wenn wir uns geistseelisch gereinigt haben und laufend weiterentwickeln, zerfällt jedes Geheimnis in Erfahrung und Wissen. Nur das ist ein Geheimnis – so die Auskunft eines Lehrers -, was Gott der Schöpfer zukünftig schafft.

Dies ist für euch schwer aufzufassen. Aber hier in meiner Sphäre freuen wir uns, daß Gott weiterschafft, denn dann haben wir noch viel vor uns – und Lernen- und Erkennendürfen macht ungeahnte Freude! Es ist eine freudselige Bedürfnisbereicherung unseres Lebens.

Wenn du, liebe Pepi, und andere Erdenmenschen dies lesen oder hören, dann werdet ihr euch denken, daß es unmöglich ist, stets Freude am Lernen zu haben.

Aber wir betrachten hier das Lernen und jede Wissensbereicherung als Schaffen. Bei uns ist es die Erfüllung. So wie Gott ewig weiterschafft, dürfen wir auch weiterlernen! Wir schaffen also für andere und uns im Kleinen, was der Schöpfer im Gewaltigen tätigt.

Ich habe auf Erden stets gerne gearbeitet, gebastelt und war stets rege. Ich sage offen, daß mich das befriedigte, und es steckte schon als Vorauståtigkeit in mir. Was es aber hier für eine Vielfalt an geistseelischen Tätigkeiten gibt, ist unbeschreiblich – wenn man es nicht selbst erlebt hat.

## HIMMLISCHE FESTE

Zum Weiterlernen gehören hier z.B. auch Festveranstaltungen. Sie dienen der Lebensfreudeentwicklung und dem Dank an den Schöpfer, an Christus usw., aber ganz besonders dem Ziel der gegenseitigen Bewußtseinsbildungsverbesserungen. Denn wir sind bei unseren Festveranstaltungen von unseren Mentoren, geistigen Lehrern usw. aus verschiedenen Sphärenwinkeln eingeladen – also unterschiedlich -, und das Gewollte daran ist der Erfahrungsaustausch.

Jetzt werden sich manche von euch denken: Was ist dann aber mit dem Gesetz »Gleiches zu Gleichem«? – Das ist richtig, und es ist wahr, was die Geistlehre lehrt; aber die Sphären bergen bei aller Schwingungsähnlichkeit der Fluidalwesen doch auch Raum für verschiedene Charakterunterschiede.

Grob ausgedrückt: Wir sind eben bei weitem noch nicht vollkommen, aber doch einigermaßen Gleichgesinnte, sind aber noch nicht »höhere« Geistwesen und noch nicht als »rein« zu bezeichnen. – Die Läuterung bewirkt zwar viel Selbsterkenntnis, Reue, die Tendenz zum Wiedergutmachen usw., aber oft fehlen die Gelegenheiten dazu – z.B. weil noch Verfehlungen anhaften, welche nur mit persönlicher Panoramaschau des derzeitigen Erdenlebens auf dem Verzeihungsweg gelöscht werden können.

## NÄCHSTENLIEBENDES HELFEN

Du hast mich auch gefragt, liebe Pepi, ob du *in meinem Namen Gutes tun* kannst oder sollst. Ich habe dazu höhere Geistwesen – z. B. Lehrer – befragt, und es war sehr interessant für mich, daß sie mir keine Antwort gaben, sondern mir rieten: »Gehe in dich und meditiere darüber! Wenn du zu keiner klaren Einsicht kommst, dann helfen wir dir, wie deine Lieben auf Erden soziale und karitative Unterstützung, also gute Werke im Sinne Jesu, tätigen können.«

Ich habe mich lange im Gebet und in der Meditation damit beschäftigt, jedoch war ich wohl noch allzu sehr im irdischen Denken verhaftet. Ich gestehe, daß ich zu keinem besonders guten Ergebnis kam. Ich schob es zur Seite und beschäftigte mich mit Tätigkeiten, welche meinem geistseelischen Fortschritt dienten. – Ich wartete zu und begegnete oft meinen Lehrern, Mentoren, Helfern usw., aber keiner von ihnen machte Andeutungen, und niemand stellte mir Fragen, ob ich schon zu einem Ergebnis bei der Frage nach dem nächstenliebenden Helfen gekommen bin.

Dies verwunderte mich sehr, aber ich schämte mich, sie um ihre Antworten oder Auskünfte zu fragen, denn sie sagten ja, ich solle mich zuerst selbst damit beschäftigen. Es war aber für mich kein bloßes Beschäftigen, sondern ein Abmühen, ja ein Quälen – denn wie schon erwähnt, surfte ich im Seichten, d. h. in der Erdensituation.

So vergingen einige Zeitabläufe – Tage oder Wochen kann ich nicht sagen, denn diese Einteilung gibt es hier ja nicht –, da wurden wir zu einem Vortrag unseres Lehrers einberufen. Wie schon gesagt, ist es uns allen eine große Freude, dazu lernen zu dürfen, und ganz selbstverständlich waren wir pünktlichst anwesend.

Zu unserer großen Überraschung waren verschiedene Themenkreise ausgewählt, welche uns alle irgendwie betrafen – wie wir später untereinander in gegenseitigen Aussprachen feststellten. Für mich persönlich war das Entscheidende das Jesuswort: »*Was ihr dem Geringsten meiner Geschwister an Gutem getan habt, das habt ihr mir getan*«.

Zerknirscht, aber voller Hoffnung saugte ich alle diese Eckpunkte des Dazulernens auf. Bis die Idee zündete, die Gesetzmäßigkeiten zu studieren, welche die Geistlehre auf Erden auch mich bereits gelehrt hatte: Warum gibt der Schöpfer die Möglichkeit zu inkarnieren? Und was ist der Sinn der Inkarnation? – Die Lehrer tupften nur drei Themenkreise an, dann entließen sie uns mit der Begründung: »Prüft, lernt, erfaßt und bewältigt selbst, damit es euer Verdienst ist, geistige Wahrheiten zu ergründen!« Irgendwo im letzten Winkel meiner Geistseele war ich nicht zufriedengestellt, denn ich dachte noch wie auf Erden, als uns die Boten Gottes – z. B. Emanuel – nicht die letzten Details erzählten.

Also machte ich mich daran, konzentriert nachzudenken. Bald ging mir aber die Konzentrationsenergie aus. Nach einiger ins Leere sinnierten Zeit erschien ein Lehrer und lächelte mich aufbauend an. Er dachte – und ich faßte seine Gedanken und Gefühle auf. Ihr Inhalt war etwa so: »Du bist schon ein wenig daran. Ich gebe dir Energien, um weiter vorzudringen.« – Und wie auf Erden oft gehört, »lud er mich auf«.

Gedankliche Andeutungen, woraus ich eine Spur schöpfen konnte, machte er aber nicht, sondern überließ mich mit meinen neuen Energiereserven meiner Meditation.

Ich gebe es zu: Ich war etwas verstimmt. Denn du, liebe Pepi, batest mich doch um einen Rat, wie du wirksam auf Erden Gutes tun könntest. – Zäh und unverdrossen, wie ich es mir schon anerzogen hatte, nutzte ich die Chance, Fritzi telepathisch zu kontaktieren. Denn ich hatte ja Energien erhalten und mit ihnen konnte ich mir – so glaubte ich – bei Fritzi Hilfe zu diesem Thema einholen. – Fritzi meldete sich auch prompt zurück, und ich erzählte ihm mein Anliegen für Mutti, wie ich ihr hilfreich sein könnte.

So ähnlich wie beim irdischen Telefon sagte er: »Papa, ich rufe dich zurück!« – Telepathisch zapfte er einige »Zeit« später mein Gedanken- und Gefühlsleben an und gab folgenden Kommentar ab: »Es tut mir leid für dich, Papa, aber das ist dein Versprechen für Mutti, dich bat sie darum. Ich darf dir nicht helfen in diesem Lernbereich, denn es berührt deine und Muttis und vieler lieber Erdengeschwister Entwicklung. Und du willst, daß ihnen durch Mutti geholfen werden soll.«

Wenn ich einen Spiegel wie auf Erden gehabt hätte, glaube mir, liebe Pepi, dann hätte ich ein enttäuschtes Fritz-Gesicht im Spiegel gesehen. Also machte ich mich doch wieder – selbst ist der Fritz! – an die Arbeit: Ich nahm mir den Sinn der Jesus-Worte in meiner Meditationsbetrachtung vor und ging systematisch seine gesetzmäßigen Gedankengänge in ihrem genauen Wortausdruck durch.

Und bald dämmerte es mir innerlich: »Fritz, du sollst dich an das Karma- und Reinkarnationsgesetz halten!« – Warum? – Das Buch von Emanuel »KARMA UND REINKARNATION«* und dessen Inhalt kam mir in den Sinn, und ich begann, die diesbezüglichen Teile zu analysieren – mit dem Ergebnis: Ich bin nahe daran, aber Genaues weiß ich noch nicht! Aus meiner bisherigen Lernerfahrung wußte ich, daß ein untrügliches Gefühl der Wahrheit mein Denken führt. Es dauerte lange »Zeit«, bis ich die folgende Tatsache erfaßte: »*Der Schöpfer gab uns die Möglichkeit zur Körperinkarnation auf Erden:*« – Meine Gedanken- und Gefühlsintensität nahm zu, je mehr ich den Sinn erfaßte, das Erdenleben zu schützen, den Lebenstrieb der Menschen zu erhalten, ihnen Speise und Trank zu ermöglichen, um den Sinn der Inkarnation im Willen Gottes erfüllen zu können! Gewaltige Freude erfaßte mich: »Ich hab's, ich hab's!«

Es geht darum, die Grundlage zu schaffen, daß der Inkarnationssinn des Gesetzgebers, unseres Schöpfers, erfüllt werden kann!

Also, liebste Pepi, du hast es bereits erkannt: Es

---

* Siehe im Literaturverzeichnis auf Seite 88.

geht darum, *Erdenleben zu ermöglichen und Erdenleben zu erhalten – darin liegt die Hilfestellung, die ich dir anraten kann.*

Denke, bitte, mit: »Wenn so viele – wie jetzt auf Erden – Abtreibungen vorgenommen werden, wird das Gesetz der Inkarnation – verursacht durch Karma – nicht erfüllt werden können. Daraus folgt: Unterstützung jener Organisationen, die Lebensmöglichkeiten für Kinder von Frauen in Not schaffen.

Mein zweiter Rat an dich: Lebensfähige zu unterstützen, also helfen, wo Hunger, Durst und Not zum Überleben gestillt werden können, damit der Sinn des Erdenlebens (Karma-Inkarnation) zumindest ein wenig hilfreich unterstützt wird, das Karma durch eine verlängerte Erdenlebenszeit vermindern zu können.

Zu diesem Ergebnis kam ich, dein Fritz. Es liegt jetzt an dir, liebste Pepi, zu handeln. Prüfe, ob ich richtig gedacht habe. Wenn nicht, handle nach deinem Wollen.

Eine letzte Frage darf ich noch behandeln: »*Kommt man wieder in die gleiche Sphäre, von der man ausgegangen ist?*« – Ich kann nur für mich sprechen: Nein, ich habe mich durch die intensive Geistlehre gut verbessert. Aber die Verfehlungen usw. müssen in Läuterungssphären gutgemacht bzw. verziehen oder – wenn noch lebende Menschen darin verwickelt sind – zum Zeitpunkt ihrer geistigen Reife im gegenseitigen Verstehen und Verzeihen bereinigt werden.

Emanuel sagt bereits das baldige Ende der Odkraft des Mittlers voraus. Zum Abschied umarme ich Dich in Liebe – dein Fritz. Bis Samstag bei der Andacht!

Gott zum Gruß! Fritz.

*

Auch ich sage Gott zum Gruß! Emanuel.

*

*Leo hat an diesem Tag Fritz*
*hellsichtig erblickt*
*und hat ihn mir geschildert:*
*Er war größer,*
*hatte volles helles Haar,*
*und auch sein Gesicht*
*wirkte heller, als er es*
*von früher*
*in Erinnerung hatte.*

*J.R.*

# ANHANG

## LEBENSBILDER

Mein Mann Fritz wurde am 20. Dezember 1928 geboren und begann im Herbst 1947, nach der Matura, in Wien ein Medizinstudium. Als sein Vater zwei Jahre später erkrankte, brach er das Studium ab und ließ sich als Dentist ausbilden, um die väterliche Praxis übernehmen zu können. 1956 war er dann selbstständiger Dentist – und wir heirateten.

Er übte seinen Beruf mit großer Gewissenhaftigkeit aus und war dank seiner handwerklichen Begabung im kieferorthopädischen Bereich besonders erfolgreich tätig. Zahlreiche Veröffentlichungen in Fachzeitschriften und fünf Förderungspreise für seine Entwicklungen bezeugen, daß auch die Kollegen seine Arbeit zu schätzen wußten.

Am 26. November 1957 kam unser erster Sohn zur Welt. Wir nannten ihn Fritzi, und zu ihm gesellten sich im Laufe der Jahre noch zwei Schwestern: Angelika und Sabina. Fritzi war bis zur 7. Klasse Gymnasium Vorzugsschüler und tendierte beruflich dazu – obwohl er z. B. im Fach Religion maturieren wollte –, in die Fußstapfen meines Mannes zu treten. Doch es war ihm anders bestimmt.

Am ersten Schultag der 8. Klasse erlitt er einen tödlichen Verkehrsunfall. Für uns brach eine Welt zusammen. Wie wir später hörten, hatte er es sich vor seiner Inkarnation vorgenommen, uns auf den geistigen Weg »näher zu Gott« zu führen. Und der frühe Abschied von ihm bedeutet tatsächlich die entscheidende Wende in unserem Leben.

Mein Mann und ich hatten eine durchschnittliche religiöse Erziehung erhalten – ähnlich hielten wir es mit unseren Kindern.

Die Kirchenvertreter konnten uns in dieser Schocksituation keinen wirklichen Trost geben. So wurden wir Suchende und kamen in der Folge mit Menschen zusammen, die uns das Geistchristentum näher brachten und entscheidend zu unserem geistigen Erwachen beitrugen.

Das neue Wissen ließ uns den Verlust unseres Sohnes in einem neuen Licht sehen, verstehen und schließlich demütig annehmen. In den weiteren Jahren fanden

wir Anschluß an eine lebendige christliche Gemeinschaft und konnten im Kontakt mit der Geisterwelt Gottes viel Wissen schöpfen und Antworten auf die Fragen nach dem Woher, Wozu und Wohin finden. Die unerwartete Krebserkrankung meines Mannes und sein schneller Hinübergang am 19. Dezember 2000 trafen mich und die ganze Familie natürlich schwer. Doch die Überzeugung, daß das Leben nach dem irdischen Tod weiter geht, richtete mich immer wieder auf. Die große Gnade, über einen Mittler von meinem Mann und meinem Sohn sehr konkrete BERICHTE AUS DEM JENSEITS zu erhalten, war mir ein ganz besonderer Trost und eine außerordentliche Hilfe.

Meine Mann hatte am Krankenbett geplant und versprochen, über seine erhoffte irdische Genesung ein Buch zu schreiben. In Gottes Ratschluß ist es anders gekommen. Es wurde ein Bericht über seine geistige Genesung in der unermeßlichen jenseitigen Welt.

J.R.

# LITERATURVERZEICHNIS

Riegelbauer, Friedrich W.: REINKARNATION. Warum irdische Wiedergeburt? Tatsachen, die ein jeder Mensch wissen soll. Freya Verlag 1996; 1998

Weidner, Gisela (Hsg.): BEFREIUNG VON ANGST – beim Wechsel in das Leben nach diesem Leben Eigenverlag 2000

Weidner, Gisela (Hsg.): ASTRALREISEN – in die Sphären um die Erde, auf Planeten und Sonnenebenen. Eigenverlag 1991

Weidner, Gisela (Hsg.): GESPRÄCHE MIT DRÜBEN Eigenverlag 1999

Weidner, Gisela (Hsg.): KARMA UND REINKARNATION. Eigenverlag 1996

*

(Die Bücher von Gisela W e i d n e r sind über die Adresse: A-1071 Wien, Postfach 405 zu beziehen.
Das Buch von Fritz R i e g e l b a u e r über den Freya-Verlag, A-4210 Unterweitersdorf; Tel: 07235-64487; oder bei mir.
Auch weitere Exemplare des vorliegenden Buches können über den Verlag oder bei mir: J. Riegelbauer, Raugasse 7, 2700 Wiener Neustadt, bezogen werden.)